AF241479

# SIÈGE DE PERPIGNAN.

## 1641-1642.

EXTRAIT DE L'HISTOIRE DU ROUSSILLON

DEPUIS 1633 JUSQU'A NOS JOURS,

PAR

## M. ERNEST DELAMONT.

PERPIGNAN,

Imprimerie de l'*Indépendant*, rue des Fabriques
Naabot, 3.

1873.

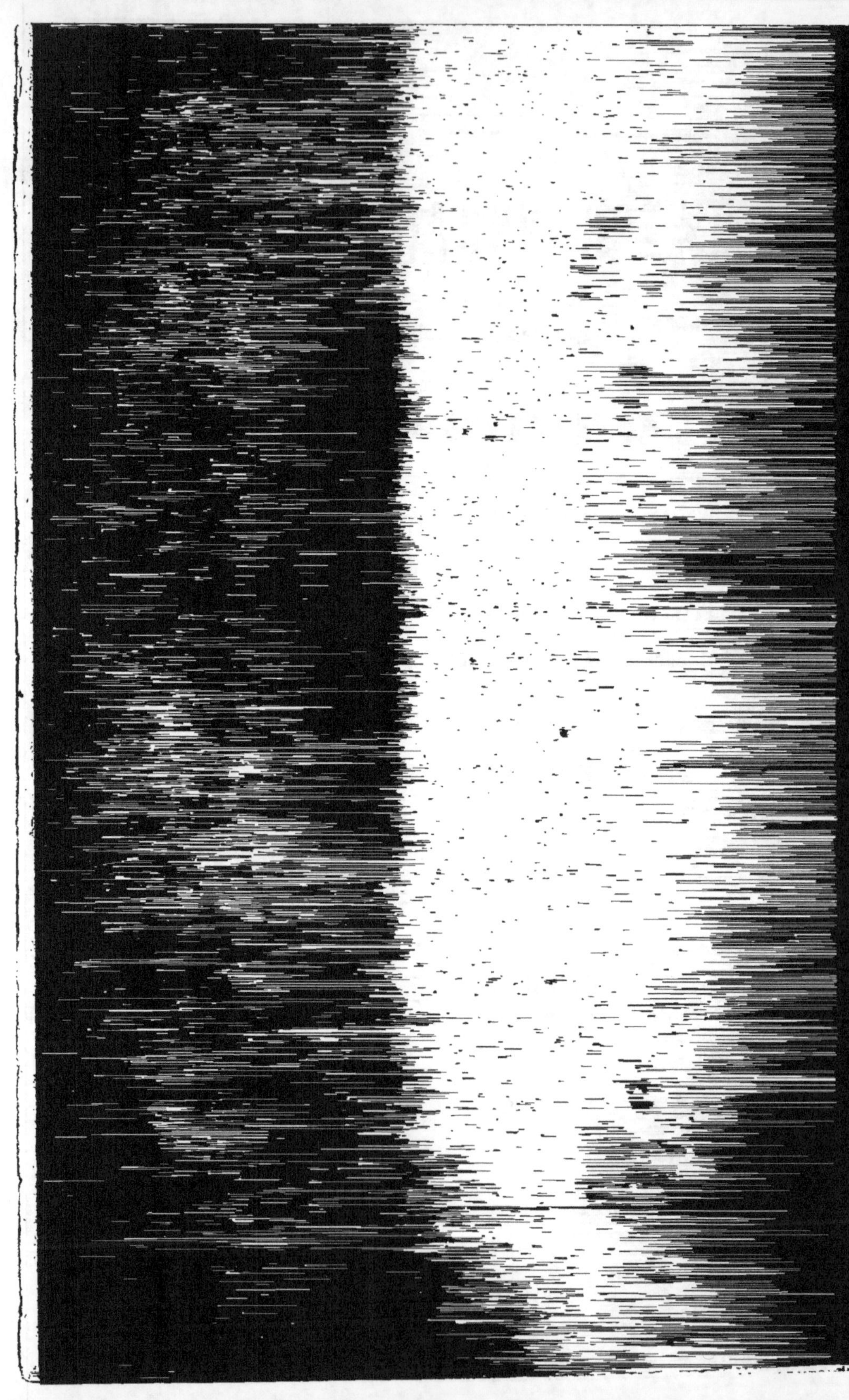

# SIÈGE DE PERPIGNAN

## 1641-1642

# SIÉGE DE PERPIGNAN.

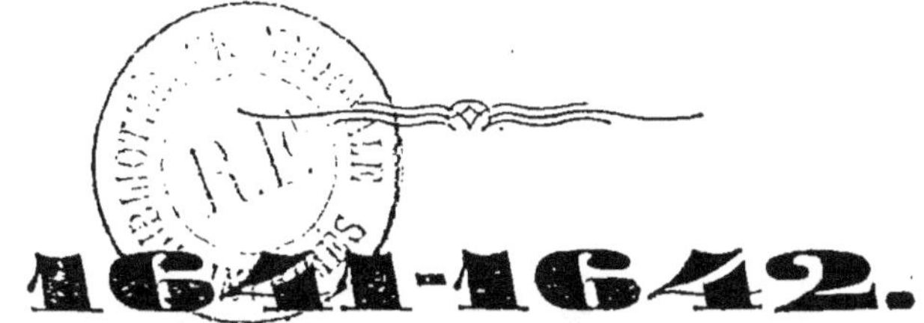

## 1641-1642.

EXTRAIT DE L'HISTOIRE DU ROUSSILLON

DEPUIS 1639 JUSQU'A NOS JOURS,

PAR

## M. ERNEST DELAMONT.

PERPIGNAN,
Imprimerie de l'*Indépendant*, rue des Fabriques
Naabot, 3.
—
1873.

# SIÉGE DE PERPIGNAN

## 1641-1642.

⁓⚬⁓

(Extrait de l'HISTOIRE DU ROUSSILLON depuis 1639 jusqu'à nos jours).

« L'histoire d'aucune ville d'Europe n'est plus féconde » en événements tragiques que celle de Perpignan » écrivait en 1849 le baron J.-J. Baude dans son mémoire sur : *Les côtes de Roussillon*. « L'attitude grave et mar- » tiale de la population conserve, ajoutait-il, un reflet » de l'énergie et des souffrances de ses ancêtres. » Nous nous proposons de raconter le plus important des faits de l'histoire de Perpignan, le siège de cette ville par les Français en 1642 et de rappeler les incroyables *souffrances* des habitants, *l'énergie* des défenseurs, la *constance* de tous, et aussi la *glorieuse défense* du brave gouverneur.

..... La garnison de Perpignan était au commencement de l'année 1641, à peu près le seul corps de troupes qui soutint encore en Roussillon la domination espagnole, mais par suite de l'occupation française elle commençait à n'avoir plus suffisamment de vivres. Dans les premiers jours du mois de mars 1641 les habitants d'Ille joints aux Français qui se trouvaient dans leur ville brûlèrent tous les moulins des environs de Perpignan. Le seul moulin qui restât aux Espagnols était celui d'Elne, et sur l'avis que reçut le baron de Paillers qu'il venait d'y arriver 900 sacs de blé destinés à Collioure, il prit avec lui quatre-vingts soldats, fit jeter le blé dans la rivière et brûla le moulin (1).

Perpignan commençait à éprouver les horreurs de la famine. « Nous devons vivre de toutes sortes d'herbes » sauvages, écrivait le notaire Paschal. Ceux qui por- » tent le pain au four se le voient enlever par les sol- » dats, il n'est personne qui ne fut attristé de voir la » misère dans laquelle nous sommes (2). » La garnison, plus que les habitants, devait souffrir du manque de vivres, à en juger par ce que rapporte Paschal et ce que disait la *Gazette* du 21 mai, « on leur fait manger » (aux soldats) que du biscuit et d'autre pain de trois » jours l'un assez modérément, » aussi les désertions étaient-elles très nombreuses. Cette situation ne fit qu'empirer jusqu'à l'arrivée d'un convoi de vingt-deux galères chargées de grains qui débarqua le 19 mai à Collioure.

Peu de jours après partait de Carcassonne, son point de réunion, une armée française qui s'avançait sur le

(1) *Gazette* du 21 mars 1641.

(2) *Differentes notas curiosas*, par le notaire Paschal. M. S. de la Bibliothèque de Perpignan.

Roussillon, elle traversa la 3 juin les cabanes de la Palme et poussa jusqu'à Leucate où elle fut, ce même jour, passée en revue par le prince de Condé, parti la veille de Narbonne, qui la plaça sous la conduite du vicomte d'Arpajou son lieutenant-général, assisté du comte de Tonnerre et de Messieurs d'Argencourt et d'Espenan. Cette armée se dirigea sur le Roussillon par la route qui existait entre la mer et l'étang de Leucate et vint le même jour camper à Saint-Laurent-de-la-Salanque. Elle était composée de quatre compagnies de gens d'armes, savoir : celle du prince de Condé, du duc d'Enghien, du vicomte d'Arpajou et du marquis de Sainte-Croix ; de deux compagnies franches, celle d'Enghien et de Schomberg ; de deux régiments de chevau-légers, savoir : celui de la Chapelle-Balou et celui de Bussy-de-Vayres ; de trois compagnies de Catalans, et des régiments d'infanterie, d'Enghien, de Conti, de Boisse, de la Couronne, des Vaisseaux, de Polignac et de La Douze, et en outre de compagnies détachées des régiments de Tonneins, Montpeyroux, d'Espenan et quelques volontaires, ce qui formait à peu près un total de 14,000 hommes.

Le 5 juin cette armée décampa de Saint-Laurent et se rendit à Villelongue-de-la-Salanque. Arpajou envoya 250 chevaux explorer le pays, ceux-ci s'avancèrent jusque sous les murs de Perpignan, s'emparèrent de plusieurs chevaux et mulets qu'ils y trouvèrent et les ramenèrent au camp de Villelongue. D'Arpajou commanda quelques jours après une seconde reconnaissance sur Perpignan sous les ordres de d'Argencourt. La garnison de la ville fit une sortie et rencontra le détachement chargé de la reconnaissance du côté de Castel-Roussillon, un engagement eut lieu au désavantage des Français qui ne purent se retirer que grâce à l'arrivée du comte de Tonnerre et, plus tard, de quelque infanterie avec six pièces de canon (1).

Le camp de Villelongue fut levé le 6, le comte de Tonnerre qui commandait l'avant-garde de l'armée française, passa de grand'matin la Tet, vint battre Canet où il entra à la tête du régiment d'Enghien et dont la garnison composée de cent quarante catalans fut conduite à Narbonne ; le lendemain 8, le château se rendit à d'Espenan. Les Français occupèrent aussi Saint-Hippolyte, Rivesaltes, Estagel, Claira, Millas, Thuir..... Argelès, La Roca. Pour être maître de la route de Collioure à Perpignan il ne restait plus aux Français en possession d'Argelès qu'à occuper Elne devant laquelle le 14 juin ils mirent le siége et qui leur ouvrit ses portes le 29 suivant..... (2).

Les Catalans occupés à faire le siége de Tarragonne ayant demandé du secours, la plus grande partie de l'armée française passa en Catalogne. Les opérations militaires furent quelque temps suspendues en Roussillon, cependant le roussillonnais Gaspard de Llupia qui commandait à Thuir et un autre de ses compatriotes qui commandait à Millas harcelaient sans cesse les troupes castillannes et venaient presque sous les murs de Perpignan dont la garnison faisait de fréquentes

---

(1) *Gazette* du 4 juin et du 21 juin 1641.

(2) Histoire du cardinal de Richelieu par Aubery, p. 504.
*Gazette* du 21 juin 1641, 10 juillet 1641.
– Historia general del principado de Catalunya, etc. ; t. vii, sup. M. S. Bible Nation. t. ii, p. 140.
La prise des villes de Canet et d'Argilliers (sic) dans le comté de Roussillon, Paris 1641, in-8°, p. 1 et seq.
Mercure de Siri, t. xxiv, p. 155, 156.
Histoire de Louis XIII par Levassor, t. xviii. p. 133.
Histoire de France de Daniel, t. xv, p. 390.

sorties pour se procurer des vivres ; d'Espenan informé qu'elle se rendait souvent à Torreilles dans ce but, se mit en embuscade et la chargea si à propos qu'il tua ou fit prisonnier un grand nombre d'Espagnols et s'empara des vivres qu'ils amenaient (1).

La disette commença de nouveau à se faire sentir à Perpignan et à partir du 3 septembre on ne donna aux soldats que quatre onces de biscuit, autant de lard et de riz par jour. Quelques jours après « ceux de Perpi- » gnan et de Collioure s'étant fait un signal les uns aux » autres, nos chefs, dit la *Gazette*, jugèrent que c'était » pour quelque dessein. Et de fait 200 chevaux des » ennemis commandés par le capitaine Gal, ne tardè- » rent guère à sortir (de Perpignan) pour servir d'es- » corte à des vivres qui leur venaient dans cinq bar- » ques, de Collioure, qu'ils déchargèrent en des charriots » vers Sainte-Marie-de-la-Mer. Sur un avis confirma- » tif de cette opération, notre cavalerie fut partagée en » trois corps. Le premier commandé par le sieur d'Es- » penan qui était en jour, le second par le sieur d'Ar- » gencourt, et le troisième par le vicomte d'Arpajou, » tous assistés du sieur du Plessis-Besançon qui était » de tous les corps ; le premier chargea si vertement » les ennemis qu'après le premier feu qu'ils firent, il » les enfonça et les mit en désordre, et finalement en » fuite. Les autres traitèrent de même tout ce qui vint » en leur partage. Nos chefs et officiers, même le sieur » d'Espenan et le comte de Tavannes lieutenant de la » compagnie de gendarmes du prince de Condé, pour- » suivirent les ennemis jusque dans les portes de » Perpignan, en tuèrent par le chemin vingt ou trente, » en firent cinquante-deux prisonniers. Le reste s'était

---

(1) *Gazette* du 29 juillet 1641.

» sauvé vers Perpignan ou Salces. Ils dételèrent ensuite
» leurs chevaux des charrettes qu'ils laissèrent au
» nombre de plus de soixante et ce qui ne se voit guère
» il n'y eut des nôtres qu'un homme tué et un autre
» blessé (1) (A). »

Les chefs de l'armée française qui voulaient affamer Perpignan avant même de l'investir, tenant plus que jamais à ce qu'aucun convoi n'y pénétrât, s'étaient postés de façon à surveiller toutes les routes ; Condé s'était installé à Elne avec le gros de l'armée, surveillant ainsi que d'Argelès la route de Collioure à Perpignan, et d'Espenan se tenait à Canet avec le régiment de cavalerie du Boissat et 200 mousquetaires, observant le pays entre la mer et Perpignan. Le 26 septembre la cavalerie espagnole soutenue par 1,200 mousquetaires parut devant Canet, mais d'Espenan accompagné du baron de Bridoire, d'un lieutenant et de quelque « peu d'autres » les força à se retirer avec une perte de vingt hommes. Deux capitaines qui s'étaient trop avancés

---

(1) *Gazette* du 12 septembre 1641.

(A) Ce tué et ce blessé nous rappellent le rapport de Beurnonville, chef-d'œuvre du genre, sur le combat de Grewenmacheren : « Après trois heures d'une action
» terrible, disait-il, les ennemis ont éprouvé une perte
» de 10,000 hommes, celle des Français s'est réduite au
» petit doigt d'un chasseur. » Et l'esprit français de répondre aussitôt :
« Quand d'ennemis tués on compte plus de mille,
» Nous ne perdons qu'un doigt, encor le plus petit ;

    « Holà ! Monsieur de Beurnonville
    « Le petit doigt n'a pas tout dit. »

Il se peut même que nos pertes ne fussent pas aussi grandes que le disait Beurnonville, car dans l'armée courait le bruit que le *petit doigt s'était retrouvé.*

faits prisonniers et quatre soldats tués, telle fut la perte des Français (1).

Avisant sans cesse aux moyens de harceler les Espagnols, l'infatigable maréchal de camp d'Espenan ne leur laissait plus ni trêve ni repos. Dans la nuit du 5 au 6 octobre il alla se mettre en embuscade non loin de Perpignan et resta là jusqu'à midi sans apercevoir âme vivante, il allait se retirer lorsque sortirent de la ville cinq escadrons de cavalerie qui allaient au fourrage de l'autre côté de la Tet, d'Espenan traversa aussitôt cette rivière et tomba sur les Espagnols, qui tournèrent bride pour regagner la ville « en tel désordre qu'il les mena battant jusque dans leurs portes » en tua quelques-uns, fit vingt prisonniers dont quatre officiers et prit en outre quarante chevaux et plusieurs mulets. « Les prisonniers ont confessé, dit la *Gazette*, que les ennemis » sont grandement incommodés dans ladite ville de » Perpignan jusque là que la chair de cheval qui seule » s'y expose depuis qu'ils sont resserrés de si près par » les nôtres, s'y vend 21 sols la livre. »

Comme on le voit, la famine était déjà grande à Perpignan, lorsque le 15 novembre une flotte chargée de vivres pour cette ville arriva à Collioure ; ainsi que nous l'avons déjà remarqué par suite de la possession d'Argelès et d'Elne par les Français, la communication entre Collioure et Perpignan était sinon impossible du moins très difficile. Mais la nécessité lui faisant une loi d'agir, le gouverneur de Perpignan sortit de cette ville et vint attaquer les Français et les Catalans à Argelès où venait d'arriver le 18 novembre le maréchal de Brézé, mais après trois jours de combat il fut repoussé.

---

(1) *Gazette* d'octobre 1641. Lettre de Barcelonne du 1er octobre. Vittorio Siri, t. **XXIV**, p. 65.

Cependant la position de Perpignan devenait de jour en jour plus critique, et la famine était telle que le 25 décembre on ne trouvait pas dans la ville, au dire du bon notaire Paschal, le moindre morceau de viande pour célébrer la Noël, « faute de quoi, continue-t-il, nous » l'avons fait avec une sardine, et encore ç'a été pour » nous une grande joie que de l'avoir (1). »

La garnison de Perpignan était d'après Siri, réduite à quatre onces de biscuit et à deux onces de fèves par jour (2), et nous lisons dans la *Gazette* du 1ᵉʳ janvier 1642 : « Perpignan est aux abois, ceux de dedans éstant » réduits à trois onces de pain par jour. »

Voyant la situation de Perpignan empirer, le gouverneur de cette ville le marquis de Mortara se décida à tenter un suprême effort ; à la tête d'une partie de la garnison il sortit de Perpignan, tandis que le marquis de Torrecusa commandant des forces qui protégeaient le convoi partait de Collioure, le 4 janvier.

Ces deux chefs opérèrent leur jonction malgré les Français que commandait le maréchal de Brézé et, après trois jours de combat, s'emparèrent d'Argelès que défendait, avec 800 hommes catalans ou français, M. de Gatignes (3). A la suite de ce fait d'armes une partie du convoi composé de cent sept charges de blé put entrer dans Perpignan le 8 janvier, mais ce blé fut gaspillé par les soldats sans que les habitants de la ville en re-

---

(1) Paschal, p. 40. Manuscrit conservé à la bibliothèque de Perpignan sous le titre de : *Différentes notas curiosas.*

(2) *Mercurio,* t. xxiv, p. 440.

(3) *Manuscrit de Paschal,* p. 40. *Histoire de Louis XIII,* par Levassor, t. xviii, p. 323. *Anales de Cataluña,* par Féliu de la Pena, t. iii, p. 295.

cussent la moindre part! « Les soldats, dit Paschal,
» vont dans les moulins, prennent de force des poi-
» gnées de blé et pressés par la faim le mangent ainsi ;
» ils prennent de même la farine, et la mangent à me-
» sure qu'on la fait ; j'atteste ce que j'ai vu. « Main-
» tenant, dit-il ailleurs, qu'on ne peut plus trouver ni
» chiens, ni chats, ni rats, nous en sommes venus à
» manger la semelle de nos souliers, les parchemins
» ramollis, et toutes les herbes possibles, telles que
» pariétaires, chardons, douce-amère, gentiane, mauve,
» orties et toutes autres qu'on pourrait nommer. C'est
» une vérité que dans ce moment le fils refuse à son
» père, le père à son fils, l'ami à son ami ce qu'il a
» pour soutenir son existence. » La famine était telle
dans Perpignan que le 19 janvier 300 habitants profi-
tèrent d'une sortie pour quitter cette ville. La garnison,
à qui il ne restait plus rien des vivres qu'elle avait re-
çus le 8 janvier, était aussi en proie à la plus affreuse
misère, puisque le notaire Paschal assure avoir vu, le
22 janvier 1642, deux soldats manger avec délices les
herbes qui croissaient dans le cimetière Saint-Jac-
ques (1).

Le maréchal de Brézé qui n'avait pu s'opposer à l'in-
troduction dans Perpignan de quelques vivres, ni em-
pêcher la prise d'Argelés, pour se faire pardonner ce
double échec écrivit à Richelieu que la situation de
Perpignan ne s'était pas améliorée et que les assiégés
désespéraient de pouvoir défendre cette place. « Tarra-
» cause (Torrecusa), Mortara s'en sont allés, de sorte
» qu'il n'y reste plus pour chefs que Stores d'Avila, qui
» est une pauvre espèce d'homme et don Diégo Caval-
» lero qui est malade et blessé... ils n'ont pas pour

_______________

(1) Paschal, p. 41.

» quatre mois de vivres, et rien autre chose (1). » Non, les assiégés n'avaient pas pour quatre mois de vivres ; non, ils ne désespéraient pas de défendre Perpignan ; ils étaient, il est vrai, en proie à la plus affreuse famine, mais ils avaient *autre chose*, ils avaient à leur tête un homme plein de cœur et de vaillance, et pour notre part ce n'est pas don Stores d'Avila que nous appellerions « une pauvre espèce d'homme » mais bien celui qui n'a pas compris qu'il devait se tenir pour fier d'avoir un adversaire digne de lui, et qu'il se serait honoré en lui rendant justice. Disons à la décharge du maréchal de Brézé que dès qu'il avait eu une connaissance exacte des lieux il avait déclaré l'impossibilité de s'emparer de Perpignan et d'occuper le Roussillon tant que Port-Vendres et Collioure seraient aux mains de l'ennemi ; aussi avait-il tenté le 22 décembre 1641 de s'emparer de ces deux places, mais une fausse manœuvre d'un corps de catalans avait fait manquer cette opération.

Les Espagnols firent encore entrer, le 28 janvier quelques vivres dans Perpignan et deux jours après ils s'emparèrent de Sainte-Marie-la-Mer, mais le 12 février suivant d'Espenan reprit cette place qui fut vaillamment défendue et qui lui coûta 6 officiers et 40 soldats. « Les 50 soldats (qui formaient la garnison de Ste-Marie) » en sortirent l'espée au côté et furent menez à Perpi- » gnan (2). »

---

(1) Lettre du maréchal de Brézé du 17 février 1642. — Archives des affaires étrangères. (*Correspondances militaires diverses*).

(2) *Histoire de France* du P. Daniel, t. xv, p. 417. *Mercure de Vittorio Siri*, t. xxiv, p. 442-443. *Histoire de Louis XIII*, par Bernard, l. xx, p. 463.

Sur les instances de Richelieu, le roi Louis XIII consentit à se rendre en Roussillon. Le but de Richelieu, en ce temps d'intrigues de cour, était, selon Levassor, de « conduire le roy dans un païs éloigné. » [Le 25 janvier Louis XIII sortit du Louvre et se dirigea vers le Roussillon avec une armée de 25,000 hommes d'infanterie et 4,000 chevaux que commandait La Meilleraye et dont faisait partie Turenne. Le 10 mars Louis XIII arriva à Narbonne. A peine entré en Roussillon, La Meilleraye s'empara de Claira et se présenta devant Argelès le dimanche 16 mars à trois heures du matin et de là alla assiéger Collioure, laissant pour continuer le siége d'Argelès le maréchal de camp de Trois villes avec les régiments d'Enghien, Conti, Roquelaure et la Couronne, ainsi que la moitié des gendarmes, chevau-légers et les mousquetaires du roi. La résistance d'Argelès ne fut pas longue, car ce même jour cette place revenait à la France par la capitulation de 400 Espagnols qui en formaient la garnison et que 160 coups de canon amenèrent à se rendre (1).

Schomberg avait déjà investi Collioure lorsque La Meilleraye arriva avec 16,000 hommes pour en presser le siége. Comme nous l'avons dit plus haut, le maréchal de Brézé avait apprécié de quelle importance était cette place pour les Français et la raison de cette importance était très-nettement expliquée dans un mémoire envoyé à Richelieu en 1640 et ayant pour titre : « *Note pour* » *Monseigneur et la relation des ports qui sont en la*

---

(1) *Histoire de Louis XIII*, par Levassor, t. XVIII, p. 264, 341. *Mercure de Vittorio Siri*, t. XXIV, p. 449, 453. *Histoire de France*, du Père Daniel ; t. XV, p. 427. *Gazette* du 1ᵉʳ avril 1642. *Histoire de Louis XIII*, par Bernard ; p. 464. *Grotii Epistolæ*, *Amstelodami*, 1687. *Lettre du 8 janvier 1642*, p. 703.

» *Catalogne* (arch. des affaires étrangères). « *Le port*
». *de Collioure est de grandissime importance, à cause*
» *que c'est par là que les Espagnols donnent entière-*
» *ment secours au comté de Roussillon.* »

Les Espagnols de leur côté comprenant que la perte
de cette place entraînerait pour eux la prise de Perpignan, avaient à diverses reprises tenté d'y introduire du
secours, mais leurs efforts avaient échoué devant les
talents militaires du général français La Mothe-Houdancourt. La place était défendue par une garnison de
3,000 hommes de pied et 400 chevaux commandée par
Mortara. Après l'arrivée de La Meilleraye le siège fut
poussé avec vigueur. Le célèbre politique hollandais
Grotius nous donne dans ses lettres un journal de ce
siège. Dans sa lettre du 29 mars 1642 il dit que les assiégeants étaient arrivés jusqu'aux fossés de la ville et
que les assiégés ayant fait une sortie avaient été re-
poussés, avec, *ut hic dicitur* dit Grotius, 200 morts et
300 prisonniers. » Peu de jours après, 5 avril, il écrivait : « *Le Meilleraye serre de près la ville et le château*
» *de Collioure.* » Trois brèches étaient ouvertes, quelques ouvrages extérieurs au pouvoir des Français, l'as-
saut fut donné le 2 avril, les assiégés furent obligés
d'évacuer la ville et de se retirer dans le château d'où
le lendemain ils tentèrent une sortie qui fut repoussée
et à la suite de laquelle les Français se logèrent dans le
fossé « *jam fossam Galli transeunt* » dit Grotius ; pendant cinq jours l'artillerie française tonna contre le château, une mine fit sauter un bastion qui en tombant
combla le seul puits que possédassent les assiégés, ce
qui amena la capitulation de la place, le 11 avril, aux
conditions suivantes, que la garnison sortirait avec les
honneurs de la guerre, serait envoyée à Pampelune et

que les malades seraient transportés à Tarragonne. Le
13 les Français entrèrent dans Collioure (1).

En apprenant la capitulation de cette ville, Louis XIII
quitta Narbonne et vint vers le 22 avril s'établir à Saint-
Estève, dans la métairie de Jean Pau qu'il anoblit après
la prise de Perpignan; il était accompagné par les
garde-françaises et suisses, les chevau-légers de la
garde, les chevau-légers et les mousquetaires du cardinal; avec le roi était venu Richelieu. Aussitôt s'em-
pressèrent de se rendre auprès de Louis XIII la *Députation* et l'*Audience royale* qui ne devaient s'assembler
qu'en présence du roi lorsqu'il se trouvait dans la pro-
vince. La *Députation* alla le 23 mai s'installer à Thuir et
l'*Audience royale* à Pézilla de la Rivière où son premier acte fut de prononcer la confiscation des biens des
Roussillonnais qui avaient quitté le pays pour se rendre
en Espagne (2).

Autour de Perpignan se trouvait ce qu'il y avait en
France de grand, de spirituel et de brave, le roi et son
ministre Richelieu qui s'en allait mourant, Mazarin se
préparant à compléter leur œuvre, Cinq Mars et de

(1) *Histoire de Richelieu*, par Aubery, p. 562. *Histoire de Louis XIII*, par Bernard, p. 465. *Histoire de
Louis XIII*, par Levassor, t. xviii, p. 337-339. *Histoire
de France*, par le Père Daniel, t. xv, p. 431-434. *Epistolæ Grotii. Lettre 1562-1563*, p. 707, 708, 709. *Historia della republica Venetana, di Battista Nani, in
Venetia 1665*, p. 692. *Les Côtes de Roussillon*, par J.-J.
Baude, Paris 1849, p. 18. *Historiettes de Tallemant des
Réaux*, t. ii. p. 213.

(2) *Battista Nani*, p. 692. *Histoire de Richelieu*, par
Aubery, p. 562. *Histoire de Louis XIII*, par Bernard,
p. 464. *Histoire de Louis XIII*, par Levassor, t. xviii,
p. 341-343. *Mercure de Vittorio Siri*, t. xxiv, p. 473.
*M. S. Histoire de la Bibliothèque Mazarine*, n° 2726,
p. 159.

Thou que le cardinal poussait déjà vers l'échafaud,
Turenne, le duc d'Enghien qui faisait dès-lors pressen-
tir le grand Condé, le prince Henri de Bourbon son
père, les maréchaux Schomberg, La Meilleraye,
de Brézé, La Mothe-Houdancourt, le duc de Mortemar
père de la Montespan etc., etc., etc. « Dans les derniers
» rangs de cette cour orgueilleuse, se tenait un jeune
» homme au maintien modeste, à l'œil vif et perçant,
» qui devait bientôt éclipser tous ces brillants sei-
» gneurs, c'était Jean-Baptiste Poquelin (Molière) valet
» de chambre du roi (1). »

Le maréchal de La Meilleraye commandant en chef
de l'armée de siége se mit en devoir de bloquer étroitement Perpignan, il installa son quartier-général au
pied de l'aqueduc du ruisseau royal et à côté de lui se
trouvait son lieutenant-général dont un panégyriste
devait dire : « Qui fit jamais de si grandes choses ! Ra-
» contait-il une bataille, il n'oubliait rien, sinon que
» c'était lui qui l'avait gagnée ! » et sur le tombeau du-
quel dans l'église des Invalides se trouve ce seul mot :
Turenne. De ce côté étaient postés les régimehts d'Ef-
fiat, de Champagne, de Béarn, d'Espenan, les compagnies royales et 600 chevaux ; la partie nord de la ville
était cernée par les régiments suivants sous les ordres
de Schomberg : les régiments de cavalerie d'Enghien
et de La Meilleraye qui furent cantonnés à Pia ; Enghien,
Conté, Polignac, l'infanterie avec Brissac et Ceran, la cavalerie furent postés à Bompas et, s'étendant par Castel-
Ruscino jusqu'à la droite des troupes commandées par
La Meilleraye, entre Bompas et Saint-Estève, fut placé le
régiment italien de Mazarin. L'armée assiégeante était

(1) *Histoire des pérégrinations de Molière dans le
Languedoc (1641-1658)*, par Emmanuel Raymond, Paris, 1 vol. in-12, 1858, p. 20.

forte de 22,000 hommes d'infanterie et de 4,000 hommes de cavalerie y compris un corps de 1,300 gentilshommes que commandait le duc d'Enghien. La garnison de Perpignan se composait de 3,000 hommes de vieilles troupes espagnoles de cette « redoutable infanterie » dont parle l'*Aigle de Meaux* et elle avait à se tête don Flores d'Avila et don Diego Cavallero, hommes de courage, dignes en tous points du poste d'honneur qu'ils occupaient.

Il n'entrait pas dans les plans de Richelieu de s'emparer de Perpignan de vive force, il voulait comme dit Nani « la vaincre par la faim, » ; c'était tout simplement une affaire de temps et Perpignan était fatalement voué à ouvrir ses portes aux Français. Aussi, dit Levassor « il » ne se fit rien de mémorable dans ce siége et Perpi- » gnan étroitement bloqué se prit pour ainsi dire en » jouant au mail et à la boule. »

Nous ne sommes pas de l'avis de Levassor, si étant ce qu'il veut dire, pensons-nous, les Français ne firent rien de mémorable il n'en faut pas dire de même des Espagnols dont la constance et le dévouement furent héroïques et nous paraissent, à nous, dignes d'être remémorés (1).

Le 26 avril le roi accompagné des maréchaux de la Meilleraye et de Schomberg fit une reconnaissance autour de la ville. Le canon des assiégés tonnait quelquefois sans causer de grands dommages aux Français qui voulant abréger la longueur du blocus firent proposer au gouverneur Flores d'Avila une capitulation honorable, celui-ci refusa absolument d'écouter une pareille

(1) *Historia del la republica Venetana*, de Battista Nani, p. 691. *Histoire de Louis XIII*, par Levassor, t. XVIII, p. 341.

proposition et devinant les desseins des assiégeants il s'appliqua à ménager les vivres, se contentant d'inquiéter les Français par quelques sorties habiles mais faibles, de telle sorte qu'en ménageant ses provisions il ménageait aussi ses soldats pour pouvoir s'en servir utilement en cas qu'une flotte espagnole lui apportât du secours et des vivres dont il avait le plus grand besoin, car à la fin du mois de mai la famine torturait cruellement les assiégés (1), et Tallemant raconte que la Meilleraye «envoya à don Flores d'Avila des confites pour lui réconforter le cœur à cause de la faim qu'il enduroit. L'autre lui envoya deux capes à l'espagnole, fourrées d'hermine, pour lui signifier qu'il se morfondait devant cette place. » N'était-ce pas noblement et, ce qui ne gâte rien, spirituellement répondre à l'insolence du général français ?

Louis XIII reçut devant Perpignan le général suédois Horn, fait prisonnier à Nordlingue et qui vint le remercier, il le « régala d'une belle épée en diamants ; » ce général à son retour visita à Narbonne Richelieu que sa maladie avait contraint à quitter le camp ; voici d'après Levassor l'état dans lequel Horn trouva ce grand politique, vrai roi de France sous sa robe rouge : « Un » de ses bras était presque entièrement séché, les plaies » que les incisions avaient faites jetaient une fort » grande quantité de sang et bien loin de se fermer el- » les augmentaient et semblaient menacer d'une gan- » grène inévitable » (2).

Louis XIII qu'incommodaient les chaleurs tropicales qui se font sentir en Roussillon se décida aussi à quit-

---

(1) *Mercure* de Vittorio Siri, t. xxiv, p. 473-474, Bernard, p. 465.

(2) *Nani*, p. 692, Levassor, t. xviii, p. 344.

ter le camp ; il écrivit auparavant la lettre suivante à Joseph de Margarit son lieutenant à Barcelonne. « Vous » scavez comme quoy et pour quelles raisons je suis » obligé d'avoir soin de ma santé, si bien que s'estant » un peu altérée pendant mon séjour en ces quartiers, » je m'asseure que vous ne vous estonnerez pas que » j'aille faire un voyage de peu de jours à Béziers, » pour y prendre des eaux salutaires. Cependant je n'ai » pas voulu laisser de vous en donner avis par cette » lettre et vous dire que j'ay fait résolution certaine de » retourner en ce camp, Dieu aydant dans quinze jours, » y laissant toutes mes troupes et mesme celles qui ser- » vent à la garde de ma personne. » Le roi visita en- core une fois « les travaux du camp lesquels estant en » la perfection qu'il les désirait, semblèrent avoir ap- » porté quelque soulagement à son mal » et partit le 10 juin pour Narbonne (1).

Vers le milieu de ce mois de juin, don Diégo Cavall- lero s'étant fait conduire au quartier-général de l'armée assiégeante parla de capitulation mais à des conditions telles qu'on ne put les accepter. Vers le même temps une flotte espagnole faisait de vains efforts pour débar- quer des secours destinés à ravitailler Perpignan, mais toujours repoussée par le vent elle fut obligée de se réfugier aux îles Baléares. La situation de Perpignan devenait de jour en jour plus affreuse et à la fin du mois d'août elle était telle que, au dire de Siri, les habi- tants ne laissaient point sortir leurs enfants de crainte que les soldats espagnols ne les enlevassent pour les manger ; voici ce qu'écrivait le 22 août le maréchal de

---

(1) *Histoire de Louis XIII*, par Levassor, t. XVIII, p. 350, 569, 655. Siri, t. XXIV, p. 478. *Mémoires pour l'histoire du cardinal de Richelieu*, recueillis par Au- bery, Cologne 1667, t. V, p. 205.

Schomberg : « Ceux de Perpignan se trouvent extrê-
» mement pressés, quoiqu'ils souffrent avec une grande
» constance. Lundi dernier une femme déroba, tua et
» mangea un enfant de trois ans, et deux hommes de
» l'hôpital furent pendus aussi bien qu'elle ce même
» jour, pour avoir achevé d'étouffer des mourans et
» en avoir vendu et mangé la chair : Il n'y a plus que
» 27 charges de blé dans la place dont ils ont donné 18
» à l'hôpital et ont partagé les 9 restants entre les chefs
» et officiers, prétendant faire manger aux soldats la
» marsamore et le biscuit qui leur restent en petite
» quantité. Ils n'avaient plus avant hier que 17 chevaux,
» dont ils veulent garder cinq pour les officiers-majors.»
Dans les derniers temps, le gouverneur tenta de faire
sortir de la ville les bouches inutiles à la défense, mais
les Français s'efforcèrent de rentrer dans Perpignan (1).

Renonçant à conserver plus longtemps la ville, le
brave gouverneur signa le 29 août l'acte de la capitulation par lequel il s'engageait à rendre la place le 9 septembre si avant cette époque, elle n'était secourue par
au moins 2,000 hommes d'infanterie 1,000 de cavalerie
et 200 charges de vivres. L'heure fatale sonna sans
qu'aucune tentative fût faite pour secourir Perpignan.
La place et la citadelle furent rendues. Richelieu avait
réussi, il avait vaincu les Espagnols *par la famine.* La
garnison sortit avec tous les honneurs de la guerre,
tambour battant, enseignes déployées, mèche allumée
par les deux bouts, balle en bouche, etc; elle sortit par

---

(1) *Mercure* de Siri, t. xxiv, p. 474, archives des affaires étrangères *(Correspondances militaires. Lettres
du maréchal de Schomberg). Historia general del principado de Cataluña*, M. S. de la bibliothèque natio-
nale n° 217 (sup.) t. ii, p. 243.

la porte d'Elne, qui fut plus tard murée et défila devant l'armée française placée sous le commandement du duc d'Enghien.

Les officiers espagnols saluaient les drapeaux français. Quand le brave don Flores d'Avila sortit de la place qu'il avait si vaillamment défendue, il descendit de cheval, mit un genou en terre, fit, les yeux baignés de larmes, un profond salut aux armes d'Espagne qui étaient sculptées sur la porte et une croix sur la ville lui faisant pour ainsi dire au nom de la monarchie espagnole ainsi qu'au Roussillon un éternel adieu. Les populations Roussillonnaises et Catalanes étaient accourues pour assister à cette [scène émouvante. Le duc d'Enghien bon appréciateur en matière de courage reçut comme il le devait les braves chefs de la garnison de Perpignan. Il fit immédiatement entrer dans la ville 6,000 hommes sous le commandement du mestre de camp de Varenne et une heure après l'archevêque de Narbonne assisté des évêques d'Albi et de Nîmes, entonnait le *Te Deum* dans la cathédrale (1).

Le marquis de Varenne fut chargé provisoirement du commandement de la place en attendant l'arrivée du marquis de Vaubecourt qui commandait Landrecies (2) (A.)

D'après l'inventaire dressé par M. de Loursillière l'arsenal de Perpignan renfermait de quoi armer

(1) *Battista Nani*, p. 697. Bernard, p. 470. Levassor, t. XVIII, p. 656, *côtes de Roussillon*, p. 13.

(2) Daniel, t. XV, p. 545. Siri, t, XXIV, p. 498.

(A) Ce devait être un bien terrible homme que ce Vaubecourt, puisque selon Tallemant des Réaux: « Quand il prenait des prisonniers, il les faisait tuer par son fils qui n'avait que dix ans, pour l'accoutumer de bonne heure au sang et au carnage. » (*Historiettes*, t. II, p. 33.)

20,000 hommes tant d'infanterie que de cavalerie, 300 milliers de poudre et autant de mêche, soixante-six pièces de canon de treize calibres divers dans la citadelle et dans la ville trente quatre de onze calibres différents, 18,000 boulets de toutes sortes de dimensions, il y en avait même de pierre et de marbre, sept mortiers, 9,000 mousquets, 7,000 arquebuses, 4,000 piques, 500 cuirasses, 90,000 livres de plomb en balle et saumon (1).

Obligé ainsi que nous l'avons vu de quitter le camp devant Perpignan, Richelieu ne cessait cependant par ses ordres d'organiser le succès, il apprit sur le Rhône, qu'il remontait lentement, la capitulation de Perpignan et cette nouvelle lui causa *une indicible joie* qu'il voulut faire partager à son maître. Cinq-Mars et de Thou venaient de mourir : « Sire, vos armes sont dans Per- » pignan et vos ennemis sont morts » écrivit triompha- lement le cardinal au roi « pour le féliciter de la con- » quête de la meilleure place du Roussillon, et ce qui » est indigne et inhumain (Levassor pourrait dire in- » fâme) sur l'exécution de l'arrêt rendu contre Cinq- » Mars et de Thou » (2).

En regard de la lettre triomphante du grand politique français, il nous paraît intéressant de voir de quelle manière le ministre espagnol Olivarez qui avait causé à l'Espagne la perte définitive du Roussillon, apprit à son souverain la prise de Perpignan. Disons, en pas- sant, que le marquis de Laganez vice-roi de Catalogne,

---

(1) Siri, t. xxiv, p. 499. Levassor, t. xviii, p. 656. *Côtes de Roussillon,* p. 13.

(2) *Lettre du cardinal de Lyon, 6 septembre,* archives des affaires étrangères, Levassor, t. xviii, p. 654. Da- niel, t. xv, p. 545.

avait écrit, lors de la capitulation de cette ville , au roi d'Espagne : « Sire, deux personnes ont gâté toutes vos » affaires en Catalogne : le comte-duc en me promet- » tant merveilles, et moi en le croyant. »

Le comte-duc, craignant pour sa fortune déjà chan- celante, entra dans le cabinet de Philippe IV , les lar- mes aux yeux en poussant de profonds soupirs , tomba aux genoux du roi et parla d'attenter à ses jours, à la question de son souverain qui lui demanda quelle était la cause de ce grand désespoir : Sire, s'écria-t-il , Perpignan est perdu. — « Il se faut soumettre à la vo- » lonté de Dieu » reprit gravement Philippe et le voilà embrassant le comte-duc et s'efforçant de le consoler. Il est impossible de perdre plus pieusement son royaume que le faisait ce roi à qui l'on avait donné pour armes un fossé avec cette devise : « Plus on lui » ôte, plus il est grand » (1) (A).

---

Articles accordés par MM. les maréchaux de Schom- berg et de la Meilleraye lieutenants-généraux de l'ar- mée du roy en Roussillon ; et M. le marquis de Flores d'Avilla, gouverneur de la ville et citadelle de Perpi- gnan ; et à son conseil de guerre.

---

(1) Levassor, t. xviii, p. 656.

(A) La stupide résignation de Philippe IV, nous remet en mémoire son successeur et fils Charles II , dont l'ignorance était telle qu'ayant appris que les Français assiégeaient Mons, il ne s'en émut guère croyant que cette ville était située en Angleterre, et non dans les Pays-Bas. Avouons que c'étaient de singuliers souve- rains, et que le droit divin avait fait là de fameux choix.

## Premièrement.

Que le mardi neuviesme jour de septembre à huict heures du matin, M. le marquis de Flores d'Avilla et son conseil de guerre, remettront entre les mains de MM. les maréchaux de France, ou ceux qu'ils ordonneront la citadelle, chasteau et ville de Perpignan avec tous les canons et munitions de guerre qui y sont présentement, le tout de bonne foy ; et que jusqu'au dit temps sera fait trêve entre ceux de la ville et de l'armée : laquelle toutefois sera rompue pour faire toute sorte d'hostilité, en cas que l'armée de terre ou du roy catholique paroisse à la veüe de la place : la capitulation subsistant toujours si la place n'est secourue de deux mille hommes de pieds, mille chevaux et deux cens charges de vivres, dans ledit temps.

## II.

Que les gens de guerre, tant de cavalerie que d'infanterie, avec tous les chefs, officiers et valets, de quelque qualité et condition qu'ils soient, sortiront la vie sauve, avec armes et bagages, tambour battant, enseignes déployées, mesches allumées par les deux bouts, balle en bouche, six pièces de canon, avec les munitions pour tirer vingt coups de chacune, et des munitions nécessaires pour des gens de guerre.

## III.

Que sortant de la place défenses seront faites sur peine de la vie, tant aux Français que Catalans, d'outrager aucun de la garnison, tant de fait que de paroles, tant à la sortie que par le chemin ; et que pour cet effet toute l'armée sera mise en bataille.

### IV.

Qu'aucun de ladite garnison ne pourra être retenu pour debtes, ny sous aucun prétexte que ce soit, et que l'on ne touchera aucune femme, enfans, valets, ny à toutes sortes d'équipages : lesquels ne pourront être visitez et pourront enlever et emmener leurs chevaux, et autres bestiaux, avec les autres choses qu'ils ont dans la ville.

### V.

Que tous les naturels et voisins de ladite ville qui voudront suivre ladite garnison et le party du roy catholique, le pourront faire sans aucun empeschement, sous les mesmes conditions : et ceux qui voudront demeurer dans la ville pour donner ordre à leurs affaires, y pourront séjourner l'espace de huict mois, avec liberté de vendre et disposer leurs biens, ainsi que bon leur semblera : et ensuite se retirer avec passe-port du gouverneur, lequel leur sera accordé.

### VI.

Qu'il sera donné deux cens charrettes et cent chevaux de selle ou mules, pour la conduite des officiers et bagages jusqu'à Colioubre, et lesdits cent chevaux iront par terre jusqu'à Roze, avec quatre ostages qui leur seront donnés lorsqu'ils sortiront de la ville : deux desquels iront par mer avec les bagages et malades, et les deux autres par terre avec les officiers jusqu'au dit Roze : tous lesquels tant officiers que soldats, sains et malades iront jusqu'à Terragone, sans s'arrester à Roze que le temps nécessaire pour leur embarquement.

## VII.

Que tous les malades et invalides seront portez au port de Colioubre, où ils seront embarqués avec·les vivres nécessaires pour leur nourriture pendant leur voyage, aux despens de Sa Majesté Trés-Chrétienne, et dans les barques préparées pour cet effet : pour lesquelles M. le marquis de Flores d'Avilla donnera passeport et assurance pour leur retour, ainsi que pour les chevaux; mules et charrettes. qui leur auront esté données, et lesdites barques iront à Tarragone passant par Roze.

## VIII

Qu'ils pourront emporter tous les papiers appartenant au roi catholique, excepté les titres qui concerneront le comté de Roussillon.

## IX.

Qu'Antoine de Biou, Raphaël Pascoas et Francisco Chaain, qui tiennent des rentes du roy catholique, seront obligés d'aller rendre leurs comptes, à condition qu'on laissera des ostages pour la seureté de ceux qui ne voudront pas faire le voyage de leur bon gré.

## X.

Et pour la seureté de l'exécution des choses convenues seront présentement mis entre les mains de MM. les maréchaux de France quatre ostages, qui demeureront jusqu'à l'entier accomplissement dudict traité.

## XI.

Et pour ce qui est de la marche de la garnison sortant de Perpignan ; elle ira loger à Elne le 9 septembre, le 10 à Colioubre, le 11 à Bagneaux, le 12 à la Selve, et le 13 à Roze.

## XII.

Que M. le marquis de Flores d'Avilla pourra envoyer à Terragone avec le plus de diligence que faire se pourra un officier par le chemin royal, pour avertir les généraux catholiques du présent traité.

## XIII.

Et lorsqu'il retournera, il ne pourra rentrer dans la place : mais il parlera à un officier de la garnison, en présence de ceux de l'armée et bien qu'il ne retourne dans le même temps, le présent traité aura son mesme effect.

## XIV.

Lorsque les conditions du présent traité seront exécutées, les ostages seront rendus de bonne foy : sçavoir les Français à Castillon, et les Espagnols à Roze.

Fait et arresté au camp devant Perpignan,
le 29 août 1642 :


Signé : El marquez de Flores d'Avilla,
Don Diégo Caballery,
Don Juan Destu,
Don Diégo Fajard..


Ernest Delamont.

FIN.

Perpignan. — Imprimerie de l'Indépendant, rue des Fabriques Naabot, 3.